Eine Rose in deiner Hand

Georg Moser

Eine Rose in deiner Hand

Vom Älterwerden und Altsein

Schwabenverlag

Meinen Geschwistern

9., veränderte Neuauflage 2002
Alle Rechte vorbehalten
© 2002 Schwabenverlag AG, Ostfildern
www.schwabenverlag.de

Umschlaggestaltung: Nada Dogan, Stuttgart
Layout und Satz: Mediengestaltung Joachim Letsch, Esslingen
Herstellung: Clausen & Bosse, Leck
Printed in Germany

ISBN 3-7966-1061-7

Inhalt

Eine Rose für die Bettlerin   9

Mit gezogenem Hut   11

»Ich bin ein Niemand!«   15

Perlen des Alters   20

Würde und Bürde   26

»Kein Kerker, sondern ein Balkon«   32

Reife Heiterkeit   37

»Betreut« – betraut   42

Freundschaft   49

Die vier Alten und das Kind   53

Zu Neuem gelangen   58

Gebet eines alten Menschen   63

Nimm wahr deine Würde –
nimm an deine Bürde!

JOHANNES PAUL II.

Eine Rose für die Bettlerin

Die Zahl der älteren Menschen nimmt ständig zu. Noch zu keiner Zeit in der Menschheitsgeschichte sind so viele Menschen so alt geworden wie heute. Doch nicht nur der Anteil der Älteren steigt; auch die Literatur über das Alter ist ins Unüberschaubare gewachsen. Die Wissenschaft hat sich unter dem Namen Gerontologie der Fragen und Probleme des Alters angenommen. Warum also noch eine weitere Veröffentlichung, nachdem offenbar alles Wesentliche über das Alter gesagt ist?

Lassen Sie mich eine gleichnishafte Geschichte erzählen; sie kann den Sinn dieser kleinen Schrift vielleicht eher dartun als eine Lawine von Argumenten. Der Dichter Rainer Maria Rilke kam mit einer jungen Französin regelmäßig um die Mittagszeit an einem Pariser Platz vorbei, wo eine Bettlerin teilnahmslos immer am gleichen Ort saß; nur eine ausgestreckte Hand verriet ihre Bitte. Rilkes Begleiterin gab der Frau häufig eine Münze, Rilke selbst nie. Er sagte: »Wir müssten ihrem

Herzen schenken, nicht ihrer Hand.« Wenige Tage später legte Rilke der Bettlerin eine eben aufgeblühte Rose in die geöffnete Rechte. Da geschah das Unerwartete: Die Frau blickte auf, sah den Geber, erhob sich mühsam vom Boden, küsste die Hand des Fremden und ging mit der Rose weg. Erst nach einer Woche saß die Bettlerin wieder an ihrem Platz, wie gewohnt stumm und mit ausgestreckter Hand. »Wovon hat sie denn wohl all die Tage gelebt, in denen sie nichts erhielt?«, überlegte die Französin. Rilke antwortete: »Von der Rose.«

Wir alle sind Bettler. Mit dieser Schrift möchte ich Ihnen wenigstens eine Heckenrose anbieten, wünschend, dass sie Ihnen bei der Annahme des Alters und seiner wahren Erfüllung helfe.

Mit gezogenem Hut

Einen Juristen verschlug es als Spätheimkehrer aus dem letzten Krieg in ein abgelegenes schwäbisches Städtchen. Dort lernte er eine ältere Gräfin kennen, die Mutter eines Widerstandskämpfers, der hingerichtet worden war. Und auch manch anderer Schicksalsschlag hatte diese Frau heimgesucht. Dennoch: Sie strahlte Würde und heitere Gelassenheit aus. Der Heimkehrer bekannte: »Wenn ich die Gräfin auf der Straße daherkommen sah, empfand ich immer das Bedürfnis, mich mit gezogenem Hut an den Wegrand zu stellen.«

Vor Würde ziehen wir fast unwillkürlich den Hut. Schlichte Größe nötigt uns Hochachtung ab. Dabei rühren Würde und Größe keineswegs von einer adeligen Abkunft oder einer gewaltigen Lebensleistung her. Es ist vielmehr eine Art Hoheit, die einen Menschen umgibt, der sein Leben in allen Höhen und Tiefen tapfer bestanden hat.

Der Philosoph Peter Wust schrieb einem Lehrerehepaar, Eltern eines Freundes, nach einem ersten Besuch: »Ihr beider abgerundetes Menschsein war für mich ein Symbol der alten Zeit. Ich habe mich in jenem Augenblick, als ich so vor Ihnen saß, ... fragen müssen, was es denn wohl sei, was mir Ihre Gestalten so abgerundet, so ganz in sich selbst ruhend, erscheinen lassen ... So befriedet können nur Menschen aussehen, die den kleinen Kreis ihrer Tagespflichten als ganze Menschen ... abgeschritten haben, Stunde für Stunde, Jahr für Jahr, und die dabei ruhen durften in dem stillen katholischen Glauben an die ewige Ordnung aller Dinge, wie sie von Gott vorgeordnet war von Anbeginn, für jeden Grashalm und Käfer und für die Menschenkinder in besonderer Weise.«

Was ergriff den Philosophen bei diesem alten Paar? Ihr abgerundetes Menschsein – doch was heißt das anderes, als dass die beiden ganz sie selbst waren, dass sie ein Leben führten in Übereinstimmung mit ihrem Wesen und ihrer Aufgabe. Da sie auch das Alter angenommen hatten, erlebten sie es mehr als Geschenk denn als Zumutung.

Ja sagen zum Alter ist die einzig angemessene Haltung. Jene, die sich dem

Alter als fruchtbarer Lebensphase verweigern, einer zeitlichen Endphase, die einer Herausforderung an die Persönlichkeit gleichkommt, nannte der Schweizer Psychotherapeut Paul Tournier die ›Man-muss-wohl‹-Menschen. Sie gewinnen kein positives Verhältnis zu ihrer Situation; sie hinken schwerfällig allen Entwicklungen hinterdrein und fügen sich nur unwillig oder gar widerstrebend ins Unvermeidliche. Man muss wohl... Solche Menschen erleiden ihr Alter bloß, sie nehmen es nicht an. Nur wer sich seinem Alter entschlossen stellt, wird sich darin zurechtfinden; nur er kann das Beste daraus machen. Und dieses Beste ist sehr viel.

Das Ja bildet den Schlüssel zu Würde und Größe auch beim Älterwerden und Altsein. Es fällt einem nicht zu wie ein Sterntaler-Regen im Märchen. Wer in hohem Maße die Beschwerlichkeiten des Alters zu ertragen hat, muss sein Ja hart erringen. Dies geschieht beim gläubigen Menschen vor allem im Gebet. »Herr, ich suche Zuflucht bei dir. Lass mich doch niemals scheitern!« So beginnt der 71. Psalm, das Gebet eines alten Menschen. Der Beter kennt die Not des Alters, er spricht sie aus vor seinem Gott: »Du lie-ßest mich viel Angst und Not erfahren. Be-lebe mich neu, führe mich herauf aus den Tiefen der Erde!« Sein ganzes Leben war Gott der, an den er sich in schweren Stunden voll Vertrauen wenden konnte: »Herr, mein Gott, du bist ja mein Zuflucht, meine Hoffnung von Jugend auf. Vom Mutterleib an stütze ich mich auf dich, vom Mutterschoß an bist du mein Beschützer; dir gilt mein Lobpreis allezeit. Für viele bin ich wie ein Gezeichneter, du aber bist meine starke Zuflucht.« Die Klage über die Plagen, die das Alter mit sich bringt, schlägt im Gebet um zu einem tapferen Ja: Trotz allem – mit Gott ist es gut so, wie es nun einmal ist.

Auch wenn ich alt und grau bin,
o Gott, verlass mich nicht,
damit ich von deinem machtvollen Arm
der Nachwelt künde,
den kommenden Geschlechtern von
    deiner Stärke
und von deiner Gerechtigkeit, Gott,
die größer ist als alles.
Du hast Großes vollbracht.
Mein Gott, wer ist wie du?
(Ps 71,18-19)

»Ich bin ein Niemand!«

Beim Besuch in einem Altenheim sprach ich mit den Bewohnern, Männern und Frauen. Die Unterhaltung war lebendig und gelöst. Nur eine Frau blieb abseits. Ich wandte mich auch an sie und fragte nach ihrem Namen. Mit monotoner Stimme antwortete sie: »Ich bin ein Niemand.« Als ich mich nach ihren Lebensumständen erkundigte, bekam ich in stockender Rede eine Schilderung ihres steinigen Weges. Jetzt sitze sie vergessen und einsam im Heim: ein Niemand.

Seitdem denke ich über dieses Niemand-Sein nach. Wer ist ein Jemand für uns? Wie kann einer zum Niemand verblassen? Meine Frage zielt auf die Werte, die bei uns vorherrschen. Werte sind ja immer auch Maßstäbe, nach denen wir den Rang eines Menschen einschätzen. Heute ist Jugendlichkeit Trumpf: Ausgesprochen oder unausgesprochen gelten Leistung und Produktivität, Fortschritt und Effektivität, Schönheit und Reichtum, Prestige, Einfluss und Macht als höchste Werte. Der unverwüstliche Supermensch, immerfort fit und erfolgreich, hat keinen Sinn für Schwäche und Zerbrechlichkeit. Die uns umgebende Welt zeichnet das Leben in den Farben der Jugend. Betriebe und Firmen beispielsweise werben in ihren Zeitungsanzeigen um junge, dynamische Typen. Da bedeutet Altwerden dann: zunehmend an den Rand geraten, überflüssig werden, ein Niemand.

Wer wollte es da älteren Menschen verdenken, wenn sie ihre Jahre verleugnen in ihrem Verhalten, in ihrer Kleidung, in ihrem Aussehen? Doch wer sich der Illusion ewiger Jugend verschreibt, wirkt eher lächerlich; er wird scheitern. Bleiben also nur die beiden Wege, die Jean Améry im Untertitel seines Buches *Über das Altern* nennt: *Revolte und Resignation?* Beide Wege bilden im Alter eine Versuchung, denn beide sind verhängnisvolle Wege. Es nützt nichts, eigensinnig oder trotzig gegen das anzugehen, was mit den späten Jahren auf einen zukommt oder schon zugekommen ist. Andere meinen, dass sie mit dem Ausscheiden aus dem Berufsleben ihr wirkliches Leben abschließen. Auch sie verkennen das Alter mit seinen eigenen Chancen, seinem eigenen großen Reichtum; sie warten nur noch passiv auf ihr Ende. Sie lassen die ›Rose‹ in ihrer Hand verwelken.

Eine Gesellschaft schadet sich selbst, wenn sie ihre älteren Mitbürger ausgrenzt und zulässt, dass sie sich als Niemand fühlen. Ältere gehören in den Lebenszusammenhang mit den Jüngeren und Jungen, mit denen sie ja vielfach verbunden sind als Väter oder Mütter, Großmütter oder Großväter, Onkel oder Tanten, als Lehrer oder Freunde. Der Philosoph und Theologe Bernhard Welte hat über die Bezeichnung Ältere nachgedacht und sich darüber so geäußert: »Dies mag ein Euphemismus sein, weil man nicht gerne von ›alten‹ Menschen spricht. Aber der Komparativ könnte doch auch noch eine andere Bedeutung haben. Er deutet nämlich an, dass diese Menschen älter sind als die jüngeren und jungen, und dies ist wiederum nur möglich, wenn sie in einem Verhältnis zu den Jüngeren und Jungen stehen.« Unablässig fordern die Soziologen die Einbeziehung der Älteren in die von den Jüngeren geprägte Gesellschaft. Dazu gehört aber das Geltenlassen der Lebensformen, -werte und -probleme der älteren Generation. So wenig sie selbst ausgegrenzt werden dürfen, so wenig darf verdrängt werden, was gerade sie bewegt, belastet und erfreut. Keiner darf sich in der menschlichen Gesellschaft für einen Niemand halten. Die Betagten fordern die Jungen und Jüngeren zum Verständnis und zur Achtung heraus, sie selber aber sind durch das Alter dazu herausgefordert, ihre Ansprüche geltend zu machen, ihre Reife in die Gesellschaft einzubringen und sich in Würde zu bewähren. Kaum etwas tut der Welt heute mehr Not im Übergang zu einem neuen Zeitalter als Erfahrung, Gelassenheit und Reife.

Wenn die Älteren ihre Situation annehmen und Ja sagen zum Alter mit all seinen Vorzügen und Anforderungen, behalten sie ihr Gesicht, ihren Namen und bleiben ein unverwechselbarer Jemand. Das alttestamentliche Buch des Propheten Jesaja überliefert ein überaus tröstliches Wort Gottes an sein Volk: »Ich bleibe derselbe, so alt ihr auch werdet; bis ihr grau werdet, will ich euch tragen. Ich habe es getan, und ich werde euch weiterhin tragen, ich werde euch schleppen und retten« (Jes 46,4). Das Ja des Menschen zu seinem Leben beruht also auf dem freien und liebenden Ja Gottes. Gott ist nicht nur ein Schön-Wetter-Gott. In allen Lebensal-

tern bleibt er derselbe, seinen ebenbild-
lichen Geschöpfen in Treue zugetan: »Bis
ihr grau werdet, will ich euch tragen.« Gott
schenkt die Jahre. Weil er leben lässt, bedeutet auch das Alter kein Verhängnis,
sondern eine Gnade. Von daher gibt es
für den alt werdenden Menschen keinen
Grund zur Aufgabe seines Selbstwertge-
fühls.

Perlen des Alters

Nach einem Vortrag über die Bewältigung des Alters bat ich die Hörer: Wem das Schreiben keine große Mühe mache, der möge mir doch einmal schildern, wie er seine alten Tage verbringe. Ich bekam einen ganzen Stapel schriftlicher Berichte. In einem der Briefe konnte ich über eine Alterserfahrung Folgendes lesen:

»Meine Frau und ich sind uns in der Stille, in der Ruhe wie neu geschenkt. Wir hören aufeinander. Jeder umgibt den anderen mit Fürsorge. Ich habe meine Frau mehr lieb denn je, und wahrscheinlich bin auch ich ihr erst recht lieb geworden. Die Krisen, wie sie jede Ehe kennt, sind bei uns vorüber. – Natürlich erlebe ich nicht nur unsere Ehe neu. Eigentlich empfinde ich alles neu: die Schöpfung, die Mitmenschen, mein eigenes Leben, in dem ich erst seit kurzem die Zusammenhänge begreife, die Leitlinie sehe. Ich bin dankbar für das, was mir an Gutem widerfahren ist. – Was mir aber großen Kummer macht, sind meine Versäumnisse, meine

Schuld, meine Sünden. Da ist mir meine Frau ein starker Beistand. Wenn ich mich bei ihr ausspreche über alles Schlecht-Getane oder Unterlassene, sagt sie: ›Ist Gott nicht größer als unser Herz? Weiß er nicht alles? Ich kenne kein Menschenleben, das nicht seine Trümmer hat. Gott wird dereinst alles zu einem Ganzen zusammenfügen.‹«

Dies schreibt ein immerhin fünfundsiebzig Jahre alter Mann.

Noch einiges aus der Niederschrift einer verwitweten Lehrerin: »Bis jetzt kann ich nur sagen: Ich bin gerne alt. So vieles darf ich jetzt tun, wonach ich mich lange sehnte. Nach dem frühen Tod meines Mannes ging ich in den Schuldienst zurück, und die dreifache Aufgabe von Haushalt, Kindererziehung und Beruf war eine arge Last. Mit hohem Genuss lese ich jetzt zurückgelegte Bücher, wissenschaftliche, dichterische und religiöse Literatur. Und die Arbeit in meinem Hausgarten, den früher Mitbewohner versorgten, macht mir jetzt dauernd Freude. Auf jedem Gang begleitet mich mein Dackel, der so quicklebendig und drollig ist, dass ich mein Vergnügen habe, wenn ich ihm nur zusehe. – Sehr viel bedeutet mir auch

Musik; ohne sie könnte ich nicht sein. Weil ich nicht mehr im Dunkeln ausgehen mag, fahre ich ab und zu mit dem Taxi ins Konzert. Von einem erstklassigen Konzert kann ich wochenlang zehren. – Meine jüngste Tochter ist in der Nähe verheiratet. Das Ehepaar und die Enkel besuchen mich oft. Wir lieben uns. Aber auch wenn ich hilfsbedürftig werden sollte, will ich nicht zu ihnen ziehen, denn in räumlichem Abstand bleibt meines Erachtens die Liebe frischer; ich ginge dann in ein Heim. – Die Enkel machen mir große Freude. Sie vertrauen mir sogar Herzensdinge an, die sie bei ihren Eltern verschweigen. Auch wollen sie viel aus der Vergangenheit unserer Familie wissen. Das alles tut einer Großmutter gut.«

Viel Ausgeglichenheit spricht aus solchen Zeilen. Wer kennt dagegen nicht das Heer der in jedem Lebensalter Missmutigen! Das Kind beklagt sich, dass es noch nicht so kann und darf wie die Großen. Der Erwachsene trauert der kindlichen Sorglosigkeit nach und beneidet die Älteren, die über so viel mehr freie Zeit verfügen. Diese schließlich vermissen jetzt die Verantwortung des Berufs und kämpfen mit der Langeweile. Jede Lebensstufe hat ihren eigenen Reichtum, ihre eigenen Tugenden wie auch ihre besonderen Gefährdungen. Keine Strecke des Lebens führt allein auf breiten Straßen, keine nur durch unwegsames Gelände; Höhen und Tiefen, Oasen und Wüsten wechseln sich ab. Beide Erfahrungen sind wertvoll; sie lassen ahnen, welche Weiten einem Menschenleben offen stehen, lassen aber zugleich spüren, welche Grenzen ihm gesetzt sind.

»Übrigens ist es ein Irrtum, dass das Alter ein sich steigerndes Armwerden sei«, lässt uns Albert Schweitzer bedenken. »Es gibt ein Absterben, das sich in Gewinn umsetzt, und dem Zerbrechen des Leibes geht das Werden und Aufblühen dessen zur Seite, was ein altes Wort den ›verborgenen Menschen des Herzens‹ nennt. Wer vermag reiner und selbstloser zu lieben als der Betagte, wer besser zur Ruhe zu sprechen, wer gelassener die Wirren der Zeit zu überschauen? Er ist nun zu sich selbst gekommen und darf auf den Schein verzichten. Er weiß, dass es besser ist, zu verstehen als zu verachten. Und es ist kein Zweifel, dass ein Verstehen, wenn es auf dem Boden der Erfahrung an unsrem eigenen widerspruchsvollen Ich erwuchs und keinen Menschen als fertig, jeden vielmehr als Werdenden ansieht, nicht in Verzweiflung endet.«

Solche Perlen des Alters finden sich auch heute: Einfachheit und Natürlichkeit, denn der reife Mensch hat erkannt, dass alles Große und Bleibende einfach ist; Güte, denn wer alt geworden ist, kennt die Schwächen der Mitmenschen aufgrund der eigenen Schwächen und vergibt; milde Heiterkeit wie die Herbstsonne, denn vor dem unbestechlichen Blick auf das einzig Wahre, Gültige versinkt das Kleine, das Unwesentliche, und das Versöhnliche tut sich kund.

Keine Rolle mehr spielen zu müssen, welche Befreiung kann das bedeuten! Ein neuer, souveräner Umgang mit der Zeit und den Dingen wird uns geschenkt. Wir dürfen heraustreten aus den Zwängen des Alltags und der Berufswelt und noch einmal neu beginnen. Martin Buber, selbst siebenundachtzig Jahre alt geworden, frohlockte: »Altsein ist ein herrlich Ding, wenn man nicht verlernt hat, was anfangen heißt.«

Reife und Freiheit des Alters gleichen den Früchten eines Baumes, der tiefe Wurzeln getrieben hat. Oder anders ausgedrückt: Wie ein Bild nur richtig hängt, wenn es in der Mitte aufgehängt ist, so gelingt menschliches Leben auch nur, wenn es kurzlebigem Strohfeuer, Oberflächlichkeit und wichtigtuerischer Geschäftigkeit entsagt und vordringt zu einer Mitte, zu einem Fundament, das trägt.

»Glaubt ihr nicht, so bleibt ihr nicht« (Jes 7,9). Dieses Wort des Propheten Jesaja aus dem achten vorchristlichen Jahrhundert will Warnung, Mahnung und Verheißung in einem sein. »Bleibt in meiner Liebe!« (Joh 15,9), hat Jesus in seiner Abschiedsrede die engsten Freunde aufgefordert. Dieser Anruf antwortet auf die Fragen nach dem, was Gewicht und Bestand hat. Wer in der Liebe Christi bleibt, dessen Leben zerplatzt nicht wie eine Seifenblase ins Nichts; es steht nicht unter dem Vorzeichen der Vergänglichkeit und des Scheiterns. Über ihm leuchtet der Stern der göttlichen Gnade; Segen kommt auf ihn herab.

Würde und Bürde

Viele entsinnen sich noch lebhaft des Deutschland-Besuches von Papst Johannes Paul II. im Jahre 1980. Zu den Begegnungen, die einen besonders nachhaltigen Eindruck hinterließen, zählte sein Treffen mit älteren Menschen im überfüllten Liebfrauendom zu München. Der Papst sprach vom Alter als dem »kraftvollen Schlussakkord oder der versöhnenden Summe des Lebens«. Es sei aber auch »eine Zeit des Verwelkens, eine Zeit, da einem die Welt fremd, das Leben zur Last und der Leib zur Qual« werden könne. Und so fügte er zu seinem Zuspruch: »Nehmt wahr eure Würde!«, den anderen: »Nehmt an eure Bürde!«

Die Bürde des Alters kann sehr verschieden aussehen und in sehr verschiedener Haltung getragen werden. Schwer wird wohl den meisten das Alter, wenn die Kräfte nachlassen und täglich neue Beschwerden hinzukommen; wenn sie einsam werden, weil die Angehörigen entfernt wohnen und Bekannte oder Verwandte ausbleiben; wenn sie die vertraute Umgebung mit einem Altenheim oder gar einem Pflegeheim vertauschen müssen; auch wenn sie in die Familie eines ihrer Kinder ziehen, der Wohnraum dort kaum ausreicht, die Enkel lärmen und Jung und Alt sich in ihrem Lebensrhythmus wie in ihrer Lebensauffassung schmerzlich unterscheiden. Doch ist Bürde nicht gleich Bürde. Was den einen zu zerbrechen droht, das wird dem anderen Anstoß zum Reifen und Hineinwachsen in eine neue Freiheit. Weniger die Last ist entscheidend als vielmehr die Einstellung dazu und die Weise, wie man damit umgeht.

Auf einer meiner Fahrten durch die Diözese konnte ich einen Abstecher machen zu einem Zahnarzt aus meinem Bekanntenkreis, von dem ich wusste, dass man ihm ein Bein hatte abnehmen müssen. Es war für mich kein leichter Gang. Selbst ein Priester hat nicht immer ein Trostwort bereit; es gibt Leiden, die er nur noch schweigend mittragen und vor Gott bringen kann. So war es auch bei diesem Besuch. Nach der Begrüßung und einer Pause wagte ich zu fragen: »Wie geht es Ihnen?« Und ich bekam, völlig überraschend, die Antwort: »Es geht mir gut; ich identifiziere mich nicht mit meinem verlorenen Bein.«

In seiner Antwort, die gewiss nicht jeder nachvollziehen kann, drückte sich alles andere als die Verdrängung oder Verharmlosung eines Leidens aus. Zwar verlor hier ein Mann sein Bein, gewann aber sich selbst ganz neu. Er fand zu einer Überlegenheit, weil er Wesentlicheres kennen lernte. Auch sein Glaube vertiefte sich in bislang verschlossene Dimensionen. Er sei nie ein Mystiker gewesen, versicherte er mir, doch in einer schlaflosen Nacht habe er begriffen, was der Apostel Paulus bezeugte: »Wenn auch unser äußerer Mensch aufgerieben wird, der innere wird Tag für Tag erneuert. Denn die kleine Last unserer gegenwärtigen Not schafft uns in maßlosem Übermaß ein ewiges Gewicht an Herrlichkeit, uns, die wir nicht auf das Sichtbare starren, sondern nach dem Unsichtbaren ausblicken; denn das Sichtbare ist vergänglich, das Unsichtbare ist ewig« (2 Kor 4,16-18).

Gottvertrauen, das sich immer neu vom Geschenk seiner Gnade gehalten und getragen weiß, gibt ein Selbstvertrauen, das vor der Bürde des Lebens nicht resigniert und unter seiner Last nicht zusammenbricht. Wie oft verdrängt hingegen das Gejammer über ein Missbehagen oder einen Schmerz alles Gute und Schöne! In wie vielen Kurkliniken bestimmt das Gerede über die eigene Krankheit derart die Atmosphäre, dass es anderen die Erholung verdirbt! Ich empfehle nicht die rosarote Brille, doch genauso wenig die schwarze. Vor allem aber rate ich: Entsage der Hascherei nach Mitleid und wehre dich auch gegen Selbstmitleid; suche vielmehr die Nähe deines Gottes, der kein mitleidiger, wohl aber ein erbarmender Vater ist. Mitleid schwächt, Gottes Erbarmen aber entsühnt, stärkt und gewährt Heil. Peter Wust, der an Oberkieferkrebs litt, beschreibt die heilende Nähe des Herrn einem Freund so: »Allmählich scheint es Gott zu gelingen, was er mit mir will. Denn mitten in allem Leid betet es oft aus mir heraus: ›Herr, nicht mein, sondern dein Wille geschehe.‹ Mehr und mehr bin ich gefeit gegen die Gefahren der ›Götterei des Ich‹, von der Luther spricht. Der Feuerofen des Leids brennt allmählich die Schlacken heraus.«

Schauen wir doch wie der Philosoph Wust auf Jesus. Auch er wich dem Leiden nicht aus; er nahm es in Freiheit auf sich, wurde verraten und verlassen, gequält, ans Kreuz geschlagen und getötet. Dann erweckte Gott den gekreuzigten Jesus in sein neues Leben. Jesus hat den Menschen in seiner Nachfolge nicht versprochen, er werde Leid, Krankheit und Not endgültig von ihnen nehmen. Er lädt im Gegenteil dazu ein, sein Kreuz zu tragen – aber in seiner Gemeinschaft! Paul Claudel betonte darum: »Gott ist nicht gekommen, das Leid zu beseitigen, er ist nicht gekommen, es zu erklären, sondern er ist gekommen, es mit seiner Gegenwart zu erfüllen.« Ihm darf man sich anvertrauen, ihm sein müdes Herz öffnen, ihm seine leeren Hände hinhalten. Er wird des Menschen Herz und Hände mit dem Reichtum seines Lebens beschenken. Denn Christen sind mit Paulus »überzeugt, dass die Leiden der gegenwärtigen Zeiten nichts bedeuten im Vergleich zu der Herrlichkeit, die an uns offenbar werden soll« (Röm 8,18). In diesem Glauben konnte der große Mathematiker und Philosoph Blaise Pascal beten:

Herr,
ich bitte nicht um Gesundheit,
ich bitte nicht um Krankheit,

ich bitte nicht um Leben,
ich bitte nicht um Tod.
Ich bitte aber:
Nimm meine Gesundheit,
nimm meine Krankheit,
nimm mein Leben,
nimm meinen Tod
in deine Hand.

»Kein Kerker,
sondern ein Balkon«

Ich bekam einen Brief von einer Gleich-
altrigen«, erzählt die Dichterin Marie
Luise Kaschnitz, »darin stand: ›Wir wohnen alle in der Todeszelle, niemand be-
sucht uns, wir dürfen den Raum nicht
verlassen, nur warten, bis man uns ab-
holt, und das Gerüst wird schon gezim-
mert, im Hof.‹ Ich begreife die Briefschrei-
berin nicht, ich weiß, dass ich sterben
werde, aber wie in einer Todeszelle fühle
ich mich nicht. Ich höre die wilden, hefti-
gen Geräusche des Lebens und spüre die
Sonne und den Eisregen auf der Haut. Das
Alter ist für mich kein Kerker, sondern ein
Balkon, von dem man zugleich weiter und
genauer sieht. Von dem man unter Um-
ständen, vom Blitz getroffen oder von
einem Schwindel überkommen, hinab-
stürzt, nicht weil es so dunkel und einsam
ist, sondern weil die Sonne übermächtig
scheint.«

Auch der alte Mensch lebt nicht nur
›noch‹. Im Zustand des Noch hält er
gleichsam den Atem an. Die Frage, wie

lange es denn wohl noch gehe, sitzt ihm drohend im Nacken. ›Noch‹ signalisiert einen Stillstand. Da wird kein neuer Schritt mehr gewagt, in der Angst, er könnte überfordern. Neues bleibt dabei so gut wie ausgeschlossen. Man steht gewissermaßen mit dem Rücken zur Zukunft, mit dem Rücken zu der Tür, hinter der eine neue Erfahrung, eine neue Begegnung, eine neue Freude wartet. Jeder Tag ist wert, dass er gelebt werde. Wie viele Tage und Jahre einem verbleiben, steht in Gottes Hand. Wenn wir als Christen unseren Blick nach vorne richten, dann richten wir ihn nicht ins Leere. Christen gehören nicht zu denen, »die keine Hoffnung haben« (1 Thess 4,13).

Danken für die Vergangenheit, bitten für die Gegenwart, hoffen für die Zukunft – das könnte ein volltönender Dreiklang im Alter sein. Es ist ganz natürlich, dass der ältere Mensch Rückschau hält. Weniger selbstverständlich ist es jedoch, dass er es in Dankbarkeit tut. Und auch die Gegenwart schenkt Dankenswertes. »Die Oberin ist wie eine Mutter zu mir«, habe ich in einem Altenheim eine Frau beglückt sagen hören. Reife und weise Menschen kehren die Sonnenseiten hervor und preisen sogar das erlittene Leid, das ihr Gemüt und ihre Glaubenskraft vertieft hat. Dann geschieht Versöhnung mit dem eigenen Leben, man wird gelöst und frei. Augustinus schildert in den *Bekenntnissen* sein wahrlich turbulentes Leben und beschließt sie mit dem Satz: »Du, Gott, Einziger, Guter, hast nie aufgehört, Gutes zu tun.«

Der Vergangenheit gehört die Dankbarkeit, der Gegenwart die Aufmerksamkeit. Aufmerksamkeit will bereits in jungen Jahren eingeübt sein; sie ist die beste Arznei gegen Langeweile, welche bedrückt und lähmt. Denn Langeweile bedeutet einen Verlust an Wirklichkeit: Man sieht nicht mehr, was einen freuen könnte, was einen interessierte, worauf man warten könnte, was einen herausforderte, wofür sich einzusetzen lohnte. Der Aufmerksame sieht tausend Dinge, an denen er sich freut, weil er die Dinge liebt. Der Aufmerksame kennt viele Menschen, die Rat und Hilfe brauchen, weil er die Menschen liebt. Der Aufmerksame weiß um die tausend ungelösten Fragen und Probleme dieser Welt, wofür er betet, weil er die Welt liebt.

Dem Aufmerksamen und Liebenden entgehen auch die kleinen Freuden des

Alltags nicht. Er weiß wie der Schriftsteller Robert Musil, dass die alltäglichen Erlebnisse die tiefsten sind, »wenn man sie von der Gewohnheit befreit«.

Wie anders der Verdrießliche! Auf der Wiese vor einem Kurhaus sprießen die ersten Krokusse. Ein älterer Herr und eine ältere Frau stehen davor, und die Frau sagt: »Siehst du, da kommen schon die ersten Frühlingsblumen heraus!« Darauf der Mann: »Die werden schon wieder verwelken.« Die Frau: »Was für ein wunderbares Grün der Wiesen an diesem Sonnentag!« Der Mann: »Aber bisher war doch fast immer liederliches Wetter.« – Der Griesgram schüttete alle Quellen der Freude wieder zu, die ihm seine Frau freigelegt hatte.

»Man muss die Vergangenheit der großen Barmherzigkeit Gottes überlassen, die Zukunft seiner Vorsehung, die Gegenwart aber müsst ihr ganz der Liebe Gottes anheim geben.« So empfiehlt der Franzose Pierre de Caussade. Zukunft ist dunkel nur in dem Sinne, dass der Mensch sie nicht vorhersehen kann. Zukunft ist aber hell für den, der sie voll Vertrauen aus der Hand Gottes entgegennimmt. Die deutsche Sprache kennt eine wunderbare Redensart: »Das Zeitliche segnen.« Leider gilt sie heute ausschließlich als Synonym für sterben. Wohl dem, der, wörtlich genommen, das Zeitliche segnet: der zu seiner Zeit sein Amen spricht, der sich mit seinem Leben versöhnt, der mit seiner Umgebung Frieden macht.

Solche Gelassenheit nennt man Weisheit. Ich komme noch einmal auf den Deutschlandbesuch von Papst Johannes Paul II. zurück. In seiner Münchener Ansprache an die älteren Menschen ging er auch auf die Weisheit im Alter ein. Er sagte: »Die Weisheit verleiht Abstand, aber nicht einen Abstand der Weltferne; sie lässt den Menschen über den Dingen stehen, ohne sie zu verachten; sie lässt uns die Welt mit den Augen – und mit dem Herzen! – Gottes sehen. Sie lässt uns mit Gott Ja sagen, auch zu unseren Grenzen, auch zu unserer Vergangenheit – mit ihren Enttäuschungen, Versäumnissen und Sünden. Denn ›wir wissen, dass Gott bei denen, die ihn lieben, alles zum Guten führt‹ (Röm 8,28). Aus der versöhnenden Kraft dieser Weisheit erblühen dann Güte, Geduld, Verstehen und – jene köstliche Zierde des Alters: der Humor.«

Reife Heiterkeit

In einer Gemeinde des unteren Neckar-
tals kam ich mit einer schon gebeugten
Weingärtnersfrau ins Gespräch. Ich fragte
sie, ob sie denn noch in ihrem steilen
Wengert arbeiten könne. Sie gab mir zur
Antwort: Sie müsse halt jetzt den Berg
hinauf so schnaufen, und das habe sie
eine Zeitlang von der Arbeit im Weinberg
abgehalten. Kein Arzt habe ihr helfen können. Und nun mit einem Beiklang von
Verschmitztheit in reinstem Schwäbisch:
»No isch mir's z'domm wore, ond i han zu
meim Aschthma gsait: Jetzt steig mir dr
Buckel nauf, i kümmer mi nemma um di.
Seitdem schnauf i wieder meine Stäffele
nauf.«

Vielleicht schlagen die Mediziner die
Hände über dem Kopf zusammen; doch
mir imponierte, wie beherzt diese Frau
mit ihren Beschwerden umging. Sie hat
gelernt, damit zu leben; sie ließ sich nicht
unterkriegen.

Ich selbst habe einmal als Grippe-Pa-
tient, der sich über versäumte Termine
und einen übervollen Schreibtisch gräm-

te, eine Lektion zum Thema Überlegenheit bekommen. Es besuchte mich ein befreundeter Landwirt, der scherzend sagte: »Geistlichen Zuspruch kannst du dir selber geben, aber ich gebe dir einen bäuerlichen Trost: Nur Geduld! Aus Gras wird Milch.«

Der reife und weise Mensch besitzt eine gewisse Überlegenheit gegenüber dem vielen Beschwerlichen, das keinem von uns erspart bleibt: Gelassen schickt er sich ins Unvermeidliche und hält sich nicht lange dabei auf. Meist haben solche Menschen eine erfrischende Portion Humor. Sie können über sich selbst und ihre Grenzen lachen. Wie einfallsreich und lustig das vor sich gehen kann, habe ich vor Jahren in einer Familie mit mehreren alten Menschen erlebt. Bei Tisch klingelte jeder vor Einnahme seiner Pille mit einem Glöckchen, damit er bei seinem schwindenden Kurzzeitgedächtnis die anderen zu Ohrenzeugen machte. Wenigstens ein Familienmitglied konnte dann nach zwei Minuten noch die Frage beantworten: Habe ich mein Medikament schon eingenommen? – In der gleichen originellen Familie, die ihren eigenen Humor genießt, fuhr im Gespräch ab und zu eine Hand empor als Zeichen: Das hast du schon einmal erzählt. Man lacht gemeinsam und spart einander ermüdende Wiederholungen.

Mir, einem auch schon älteren Mann, hat oftmals in einer prekären Lage eine humorvolle Bemerkung geholfen. So brach mir einmal während eines Vortrags über die letzten Dinge ein Zahn ab, schnellte aufs Mikrophon und verursachte dort einen schrecklichen Knall, mitten in einer meditativen Stille. Was blieb da übrig als ein Spaß? Ich erklärte: »Das hässliche Geräusch stammte von einem Stück Zahn, der das Mikrophon getroffen hat. Aber ich will über den Verlust nicht traurig sein, da wir uns ja eben mit der verheißenen Auferstehung befassen.« Großes Gelächter, und dann ungestörter Fortgang unserer Besinnung.

Jeder helfe sich da auf seine Manier. Jeder sehe zu, wie er mit den Pannen des Alters ohne Wehleidigkeit zurechtkommt. Dazu noch ein literarisches Beispiel: Theodor Heuss erzählt in seinen Jugenderinnerungen *Vorspiele des Lebens*, dass die vergesslich gewordene Mutter bis zu seiner Wiederkehr Zettel an eine Gardine zu heften pflegte, des Inhalts: Dies und jenes mit Theodor besprechen. Er belustigte sich darüber und die Erfinderin des Verfahrens wohl auch.

Es gibt heute unter jungen Leuten eine Redensart, die manchmal auch etwas Richtiges treffen kann. Sie sagen – für gewöhnlich zu ihren Eltern: »Das darfst du nicht so eng sehen!« Wer sich zu sehr mit Kleinem aufhält, könnte die Freiheit zu einer großmütigen Geste verlernen und selber kleinlich werden; wer sich im täglichen Kampf mit tausend oft lächerlichen Hemmnissen aufreibt, wird leicht kurzsichtig, engstirnig und skrupulös; er verliert die großen Horizonte aus den Augen. Also: Setzen wir hinüber über die Hindernisse oder eilen wir an ihnen vorbei, wenn sie einem den Weg zur Freude versperren! Ein erfahrener Altenseelsorger rät: »Füge deinem Leben nicht nur *Jahre* zu, sondern füge deinen Jahren auch *Leben* zu!«

Die reife Heiterkeit vieler gründet in ihrem Glauben. Papst Johannes XXIII., mit siebenundsiebzig Jahren in sein hohes Amt gewählt, hat nahezu alle Vorurteile gegen das Alter widerlegt. Worin bestand das Geheimnis dieses Mannes? Er bekannte: »Die innere Gelassenheit, die sich auf die Worte Christi und seine Verheißungen stützt, erzeugt eine unzerstörbare Heiterkeit, die sich wie eine Blüte entfaltet.« Diese Blüte ist – nach unserem Titel-Wort – »eine Rose in deiner Hand«. Wo sie erblüht, kann die Bürde die Würde nicht verdunkeln, die darin liegt, von Gott geschaffen zu sein, Gottes schöpferischer Liebe zu entstammen, sein Wort zu vernehmen: »Ich habe dich beim Namen gerufen, du gehörst mir« (Jes 43,1). Gottes Unendlichkeit berührt menschliche Endlichkeit. Und menschliche Ohnmacht, die sich nicht verschließt, bietet Raum für Gottes Allmacht.

»Betreut« – betraut

Ein Ehrenkranz der Alten ist reiche Erfahrung« (Sir 25,6); so lesen wir bei Jesus Sirach im Alten Testament. Seit urdenklichen Zeiten wird das Lob des Alters gesungen als Loblied auf einen großen Schatz an Lebenserfahrung. Die Älteren waren das Gedächtnis einer Gemeinschaft. Ihrem Wort und Ratschlag lauschte man aufmerksam, ja begierig, und auch die Ehrfurcht vor dem Alter beruhte auf diesem offensichtlichen Vorsprung an Erfahrung. Unter den sozialen Geboten, die für das Volk Israel verbindlich waren, lautete darum eines: »Du sollst vor grauem Haar aufstehen, das Ansehen eines Greises ehren und deinen Gott fürchten« (Lev 19,32).

Der Wert der Erfahrung ist im modernen Leben fragwürdig geworden. Hat einst die ältere Generation die jüngere gelehrt, wie sie sinnvollerweise in der Welt zurechtkomme, so verhält es sich heute in vielen Bereichen geradezu umgekehrt: Häufig begreift der Großvater bereits nicht mehr, was sein Enkel in der Schule lernt. Noch ratloser, ja verwirrt beobachten Ältere oft den Wandel im moralischen Bewusstsein und Verhalten der Jüngeren. »Was die Jungen sich alles erlauben!«, heißt es dann, halb entrüstet, halb erstaunt. Ehemals selbstverständliche Normen sind gesprengt, strenge Tabus anscheinend leichtfertig gebrochen. Hier gilt es aber, sehr behutsam zu unterscheiden und nicht vorschnell zu urteilen. Gewiss werden heute zu Zeiten eines tief greifenden Umbruchs Werte und Normen in Frage gestellt, manche gar pervertiert; andere Werte treten in den Hintergrund, wieder andere aber gewinnen ganz neue Bedeutung und Aktualität. Da entsteht bei Älteren oft der Eindruck: »Ich verstehe die Welt nicht mehr«, oder: »Da komme ich nicht mehr mit.« Und viele sagen resigniert: »Es ist halt eine neue Zeit«; man meint dabei unausgesprochen mitzuhören: »Es ist nicht mehr die unsere.«

Wie schnell wird das Alter da zum Abstellgleis, und man vernimmt Klagen wie »Mich braucht keiner mehr« oder »Ich bin ja doch nur im Wege«. Der Gefahr der Isolierung und Verbitterung ist man aber nicht hilflos ausgeliefert. Jeder kann sich die Freude am Leben, an den Menschen, an den Dingen dieser Welt bewahren, wenn er kritisch bleibt, wenn er im Alter noch dazulernt, wenn er noch Kontakt behält zu den Menschen und Aufgaben. ›Ruhestand‹ ist eine äußerst irreführende Bezeichnung. Der Ruhestand ist kein Stand, kein Stillstand, in dem man nur noch unbeweglich verharren könnte, mit keiner Verantwortung mehr betraut, nur noch ›betreut‹ und abhängig in allem. Man ist nicht dazu verurteilt, sich dem Fluss der Stunden passiv zu überlassen, in der Meinung, es gebe keine Gegenwart, kein Leben mehr. Viele Priester im Ruhestand haben das Kürzel i. R. als »in Reichweite« gedeutet oder »in Rufbereitschaft« – kein bloß launiger Einfall, nein, ein täglicher Ernstfall.

Tätigkeit im Alter steht nicht mehr unter dem Diktat der Stechuhr, auch nicht mehr unter dem Zwang höchster Effektivität. Die Frage: Was springt dabei heraus?, tritt zurück; der Wert des Tuns als solches überlagert nun seinen Nutzwert. Es gibt viel zweckfreies, aber sinnvolles Tun, das einfach Freude bereitet. Unzählige Liebhabereien gehören dazu. Briefmarken oder Münzen sammeln die wenigsten allein in der Absicht, sie dann auf der nächsten Auktion gewinnbringend zu veräußern. Gedichte liest man nur richtig ohne den Hintergedanken an Verwertung. Besuche in Museen sind dem Kunstliebhaber in sich sinnvoll. Vieles vom Gelingen des Alters hängt davon ab, inwieweit man das Nutzdenken aufgibt.

Nichts auch gegen das Fernsehen oder den Hörfunk! Es kommen immer wieder Sendungen, die erfreuen, zuverlässig informieren und Anregungen bringen. Doch jenen, die den lieben langen Tag wahllos auf den Bildschirm starren oder sich mit Radiomusik berieseln lassen (wobei sie dann hinterher bemängeln, es gebe doch meist nur blödes Zeug), möchte ich eindringlich sagen: Schade um die kostbare Zeit! Denken wir doch, wenn wir Zeit haben, an all die Kranken und Alten in unserer Umgebung, die auf Liebe, auf Güte warten, auf ein aufrichtendes Wort, einen guten Rat, einen freundlichen Blick.

Eine ungemein aktiv gewesene Ärztin rief ich, nachdem sie schon eine Zeitlang ihre Praxis aufgegeben hatte, eines Tages an, um nach ihrem Ergehen zu fragen; ich vermochte mir diese Frau in ihrer neuen Situation nicht recht vorzustellen. Karitative Aufgaben hätte ich ihr bei Bedarf vorschlagen können. Sie teilte mir, wie ich gleich merkte, in einem kurzen Telefongespräch weniger mit, als zu hören mir wichtig war, und so bat ich, dass sie mir über ihr jetziges Leben schreibe. Ich zitiere aus ihren Aufzeichnungen:

»Ich bin siebenundsechzig und befinde mich seit einem Jahr im Ruhestand. Noch jeden Morgen bin ich dankbar für die ungestörte Nacht und fürs Ausschlafen bis acht Uhr. Dann frühstücke ich gemütlich und lese im Schott den Tagesabschnitt oder ein Kapitel der Bibel. In meinem anstrengenden Beruf habe ich mir immer gewünscht, ein geistliches Leben führen zu dürfen. In die Klöster ist in unserem Jahrhundert so viel ›Welt‹ eingebrochen, dass sie die ›Stillen im Lande‹ in ihrem Chor brauchen, und das sind ja vor allem die Alten und Kranken. Außer dem *ora* habe ich aber immer noch genug an *labora*. Fast regelmäßig besuche ich anhängliche Patienten, erzähle ihnen Erfreuliches, mache für die Bettlägerigen auch Behördengänge und Schreibarbeiten. Papst Johannes Paul II. hat gesagt: ›Wer einsam ist, gehe zu einem, der noch einsamer ist.‹ Diesen Rat gebe ich bei meinen Altenbesuchen weiter. Nun leide ich aber selber nicht an Einsamkeit; wie gern bin ich nach den unzähligen Menschen im Beruf auch einmal allein. Alleinsein und Einsamkeit sind ja nicht dasselbe. Zudem habe ich treue Freunde, und dazu gehören auch die Heiligen und meine Toten, die oftmals noch lebendiger für mich sind als zu Lebzeiten. Die so lebendigen Toten beklage ich nicht wie einen Verlust, nicht als zurückliegend in der Vergangenheit; sie sind die Vorangeeilten und bilden für mich einen ›Schatz im Himmel‹.«

Die Ärztin betont, dass Alleinsein und Einsamkeit nicht dasselbe sind. Zeitweiliges Alleinsein kann nach einem unruhigen Berufsleben ein hohes Geschenk bedeuten. Nur wenn wir allein sind, kommen wir mit Gott ins Klare, und eben zu einer Besinnung gibt die Stille Gelegenheit.

Das Alter bietet jedem noch die vielleicht lange versäumte Chance zur Umkehr. Es bedeutet ja nicht nur ein Geschenk, einen Entfaltungsreichtum, nein, es bedeutet auch eine dauernde Herausforderung, bis wir die Zeit mit der Ewigkeit vertauschen dürfen. Lassen sich aber nicht viele gehen, ohne je an die inneren

Kräfte zu denken, die man in jeder Lebensphase einsetzen muss? Sie verschmähen als ›Toren im Geist‹ auch die Beichte, die sie zur Rechenschaft anhalten, den Reuigen entsühnen, die Willenskraft stärken und den Neubeginn schenken könnte. Das Sakrament der Buße ist eingesetzt als Gnadengabe, nicht als belastendes Muss; sie ist ein heiligendes Mittel zur wahren Menschwerdung, nämlich zur dauernden Umkehr. Im Alter stehen wir, wie Gertrud von le Fort sagte, »am Ende einer Entwicklung, für die es kein Vorwärtsschreiten mehr gibt, sondern nur noch eine Umkehr – freilich keine Umkehr in ein Zurück der Dinge, sondern in jene tiefe Besinnung, die zur Voraussetzung des neuen Lebens wird«.

Freundschaft

Vor einiger Zeit habe ich im Fernsehen einen Film erlebt, in dem eine Freundschaft zwischen einem etwa siebzigjährigen Mann und einer etwas jüngeren Frau entsteht, beide verwitwet. Der Film hat mir gefallen. Er besitzt eine unausgesprochene Tiefe und dazu befreienden Humor. Die beiden, die ein befrachtetes Leben hinter sich haben, erblühen noch einmal in einer goldenen Herbstsonne. Sie halten sich in reifer Würde an der Hand, lächeln ein wenig über ihre späte Liebesfreundschaft, nehmen sie aber in Dankbarkeit an. Sie sind nun nicht mehr einsam. Die Frau lebt zwar in der Familie ihrer verheirateten Tochter; doch sind ihre Angehörigen mit ihrem eigenen Leben beschäftigt. Bislang fehlte ihr ein Mensch, der ganz auf sie einging. Sie, eine anmutige Frau, kleidet sich wieder mit großer Sorgfalt.

Einsamkeit und Alleinsein sind, wie jene Ärztin hervorhebt, nicht ohne weiteres dasselbe. Denn es gibt ein *gefülltes* Alleinsein, und man kann sich in der Gesellschaft wesensfremder, verständnisloser Menschen sehr einsam fühlen. Doch Alleinsein und Einsamkeit fallen für die Älteren und Alten häufig zusammen. Ihnen kann das Alleinsein zum kaum erträglichen Schicksal werden. So ist die Angst vor der Einsamkeit im Alter weit verbreitet. In keiner Lebensphase tut es uns gut, wenn wir viel oder ganz allein sind. Einsam ist, wer sich ausgeschlossen erlebt: von den Kindern unverstanden oder gar abgeschoben, von den Berufskollegen vergessen, von den Nachbarn übersehen. Einsamkeit erfährt aber auch, wer sich selbst verschließt – so wie jene Frau, die erklärte: »Meine Gartentür öffnet sich nur nach innen.« Sie habe nichts als Enttäuschungen mit den Menschen erfahren müssen; nun gehe sie nicht mehr unter die Leute. – Wer sich hinter Barrieren versteckt, wird leicht übellaunig und misstrauisch, schwermütig und verbittert. Zuletzt missachtet er nicht nur seine Mitmenschen, er beginnt das Leben insgesamt zu hassen. Niemand ist Robinson. Auch das Leben im Alter gelingt nur als Mensch unter Menschen.

Wie oft stürzt der Tod des Ehepartners den Zurückbleibenden in tiefe Depression! Seine Schwungkraft erlahmt. Der Kontakt zu den Kindern hat sich vielleicht gelockert. Da können alleinstehende Ältere einander aus ihrer Apathie herausführen. Wie belebend kann für sie doch die Begegnung mit einem Gleichgesinnten sein! Beide erfahren dabei eine neue Selbstbestätigung. Freundschaften entstehen, nicht selten auch späte Ehen. Befreit von den Belastungen des Alltags blühen alte Menschen wieder auf in der Sonne gegenseitiger Zuneigung und Hochachtung.

Liebe im Alter ist durchaus keine Torheit. Sie verdient weder Spott noch Vorwürfe. Der ältere Mensch, die Witwe und der Witwer behalten ein Recht auf ihr eigenes Leben und ihre persönliche Freiheit. Doch müssen sie eine neue Verbindung auch vor ihren Kindern verantworten können; sie dürfen damit keine Familienbande verraten oder aus der eigenen Geschichte und Vergangenheit aussteigen.

Nach einer Tagung für Sechzig- bis Achtzigjährige sprach ich mit diesem und jenem Besucher. Mehrere lebten in einer späten Ehe. Ich habe mich immer gewundert, wie alte Menschen nach dem Verlust ihres Partners manchmal schon nach zwei, drei Jahren wieder einen neuen Gefährten finden. So habe ich beiläufig gefragt, wo sie ihren zweiten Mann oder ihre zweite Frau kennen gelernt haben. Und von drei Seiten bekam ich, etwas verschämt lächelnd, die verblüffende Antwort: »Auf dem Friedhof! Wir haben uns getroffen beim Gießen der Gräber. Wir kamen ins Gespräch, verstanden uns. Nach einiger Zeit dachten wir, zu zweit wäre das Leben doch leichter.« – Darf man nicht einen Trost und Sieg des Lebens darin erblicken?

Die vier Alten und das Kind

In der Kindheitsgeschichte Jesu, wie sie Lukas in den ersten beiden Kapiteln seines Evangeliums berichtet, vermutet man nicht ohne weiteres eine Fundgrube für das Alter. Und doch spielen in allen sechs Szenen der Kindheitsgeschichte ältere Menschen eine Rolle:

In der ersten Szene, in der die Geburt Johannes des Täufers verheißen wird, und in der vierten, der Geburt dieses letzten alttestamentlichen Propheten, geht es um den Priester Zacharias und seine Frau Elisabet. »Ich bin ein alter Mann, und auch meine Frau ist in vorgerücktem Alter« (Lk 1,18), hält Zacharias dem Engel entgegen. In dem zweiten Bericht, der Verkündigung von Jesu Geburt, weist der Engel Gabriel Maria auf Elisabet hin: »Auch Elisabet, deine Verwandte, hat noch in ihrem Alter einen Sohn empfangen; obwohl sie als unfruchtbar galt, ist sie jetzt schon im sechsten Monat« (Lk 1,36). In der dritten Geschichte tritt Elisabet selbst auf: Maria kommt zu Besuch, und Elisabet erkennt, was Gott Großes an Maria getan hat. Später, nach Jesu Geburt, gehen Josef und Maria mit dem Kind Jesus in den Tempel und begegnen dort dem greisen Simeon und Hanna, der Prophetin und Witwe von vierundachtzig Jahren. Und zudem dürfen wir annehmen, dass unter den Hirten, denen die Engel auf den Feldern von Betlehem die Geburt des Heilands verkündeten, auch alte Männer weilten, weil sie sich vielleicht ein Zubrot verdienen mussten.

Die Alten gehören wie selbstverständlich dazu. Ihnen gilt ja ebenso der neue Anfang, den Gott in der Menschwerdung seines Sohnes schenkt. Ja, sie sind die ersten Zeugen unserer geschichtlichen Wende in diesem unscheinbaren Kind: Zacharias, Elisabet, Simeon und Hanna.

Ich schaue auf den alten Priester Zacharias. Ihm war der Dienst im Tempel nicht nur strenge Pflicht, ihm war er heilige Herzensangelegenheit. Wohl nur einen solchen Mann konnte Gott zum Vater des letzten und größten Propheten erwählen: zum Vater des Johannes, dem messianischen Vorläufer. Sein Sohn werde – so der Engel des Herrn – »das Volk für den Herrn bereit machen« (Lk 1,17). War das für Zacharias zu schön, um wahr zu sein: überhaupt noch ein Kind und dann noch ein so begnadeter Sohn? Jedenfalls verschlägt es ihm die Sprache; er bleibt stumm, bis die Geburt des verheißenen Knaben ihm die Zunge wieder löst. Er beginnt prophetisch zu reden: »Durch die barmherzige Liebe unseres Gottes wird uns besuchen das aufstrahlende Licht aus der Höhe, um allen zu leuchten, die in Finsternis sitzen und im Schatten des Todes, und unsere Schritte zu lenken auf den Weg des Friedens« (Lk 1,78-79). Zacharias gewahrt die Morgenröte des Heils.

Ich richte meinen Blick auf Elisabet. Als Maria in ihr Haus tritt, da erkennt sie, was noch keiner sehen kann; sie versteht, was eigentlich alles menschliche Begreifen übersteigt. Mit lauter Stimme ruft sie: »Gesegnet bist du mehr als alle anderen Frauen und gesegnet ist die Frucht deines Leibes. Wer bin ich, dass die Mutter meines Herrn zu mir kommt?« (Lk 1,42-43). Warum erkennt Elisabet, warum versteht sie? Sie wurde vom Heiligen Geist erfüllt, erklärt der Evangelist. Das ist die eine Seite; die andere: Elisabet muss ein offenes Gefäß für den Geist Gottes gewesen sein. Hätte sie ihn denn sonst aufnehmen können? Dabei war ihr diese Offenheit gewiss nicht ohne weiteres zugefallen. Ihr Leben stand unter einem Schatten: Kinderlosigkeit galt in Israel als Schande. Etwas vom Leid und Dunkel, das sie erfahren hat, geht noch wie ein Aufatmen aus ihrem Wort hervor: »Der Herr hat mir geholfen; er hat in diesen Tagen gnädig auf mich geschaut und mich von der Schande befreit, mit der ich in den Augen der Menschen beladen war« (Lk 1,25).

Wir sind gewohnt, Elisabet auf dem Höhepunkt ihres Daseins zu betrachten: in ihrer Begegnung mit Maria und der Geburt des Johannes. Wir sollten aber ihre erlittenen dunklen Stunden mitbedenken, denn es gibt sie ja auch in unserem eigenen Leben. Niemand von uns kann sicher sein, dass ihn nicht Finsternis überfällt, er nicht gähnende Leere erleiden muss. Wir dürfen beten, dass uns Gott davor bewahre. Wenn er uns aber die Verdüsterung zumutet, dürfen wir um die Kraft zum Durchhalten bitten, bis die Stunde kommt, da wir wieder etwas von Gottes Heil, Licht und Herrlichkeit erahnen. Der Geist soll uns offen finden, wenn er uns anrühren will. Elisabet bildet ein eindrückliches Beispiel für die Zuversicht, die auch den alternden Dichter Gottfried Benn bestimmte, der trotz seiner Zweifel zu sagen vermochte: »Ich berufe mich zum Schluss auf alle Kirchenväter, die Vielhundertjährigen, die Alten: Non confundar in aeternum« – ich werde in Ewigkeit nicht zuschanden werden.

Ich schaue endlich auf Simeon und Hanna im Tempel. Für sie erfüllt sich ein jahrzehntelanges Warten, die Sehnsucht ihres Lebens. Simeon nimmt das Kind in seine Arme und preist Gott: »Nun lässt du, Herr, deinen Knecht, wie du gesagt hast, in Frieden scheiden. Denn meine Augen haben das Heil gesehen« (Lk 2,29-30). Wer Christi Leben in sich hat, der kann getrost alt werden und sterben; er weiß: Die Fülle des Lebens hat er noch vor sich. Ihn wird keine Panik überkommen beim Gedanken an die höchste und letzte Tat seines Lebens: »Die bedingungslose Übergabe unserer ganzen Existenz an Gott und seine Unbegreiflichkeit, die Übergabe, die sogar im Allerletzten die Tat Gottes selber ist, der uns zu sich nimmt, indem er selber sich gibt« (Karl Rahner).

Zu Neuem gelangen

Michelangelo äußerte einst zu einer Dame: »Ich bin sechsundachtzig Jahr alt und hoffe, dass Gott mich bald heimruft.« Die Dame fragte erstaunt: »Meister, sind Sie lebensmüde?« – »Nein«, entgegnete der große Künstler, »lebenshungrig!«

Geben wir zu, dass die Sicht Michelangelos für die meisten eine ungewöhnliche Perspektive ist. Herbst des Lebens; Lebensabend; an der Mündung des Lebensstromes – so oder so ähnlich lauten gewöhnlich die bildhaften Umschreibungen der Altersphase. Es geht dem Ende zu, sagt man und hat wohl schon manchen guten Freund und Altersgenossen auf den Friedhof begleitet. Man blickt zurück, sieht, was einmal war, träumt davon, was hätte sein können, und erkennt auch all das Bruchstückhafte im eigenen Leben. Hochfliegende Pläne scheiterten, Misserfolge machten einem zu schaffen, vielleicht endete die berufliche Karriere nicht am erstrebten Ziel. Selbst in der Ehe und Familie verlief etliches anders als gewünscht. Kinder treffen Entscheidungen, die man mit den eigenen Grundsätzen nicht vereinbaren kann. Auch persönliche Schuld, allerhand Beschämendes und unterlassene Guttaten mögen sich in der Erinnerung aufdrängen; diese Last, so gestehen viele, sei die schwerste Last des Alters. Der Alternde spürt besonders deutlich und schmerzhaft das Fragmentarische des menschlichen Lebens. Menschliche Existenz hier auf Erden bleibt Bruchstück, eine letzte runde Vollendung ist ihr in diesem Leben versagt. Manch einer meint, er hielte bloß Scherben in der Hand.

Ganz im Sinne Michelangelos betonte Teilhard de Chardin, der bedeutende Theologe und Naturforscher: »Der Tod wurde zu sehr als trauriges Thema behandelt.« Man sterbe, »um endlich zu Neuem zu gelangen«.

Leben im Angesicht des Todes fällt schwer. Dem Tod ins Angesicht blicken kann wohl nur der, der gleichzeitig durch ihn hindurch schaut, der ihn als Tor zum neuen, unzerstörbaren Leben sieht. Karl Borromäus, der heilige Erzbischof von Mailand, soll einem Maler ein Bild des Todes in Auftrag gegeben haben; doch habe er sich kein Knochenskelett mit der Sense im Arm gewünscht, sondern einen Engel mit einem goldenen Schlüssel in der Hand.

Das Tor zum Leben steht offen, seit Gottes Treue und Liebe Jesus von den Toten auferweckt hat. Vernehmen wir im Hohenlied des Alten Testaments noch: »Stark wie der Tod ist die Liebe« (Hld 8,6), so verkündet Ostern nun: Liebe ist stärker als der Tod. Jesus hat die Tiefen des Todes ausgekostet: Er ist »hinabgestiegen in das Reich des Todes« und hat auch diese Wirklichkeit erlöst. Und er ist den Seinen vorausgegangen – »auferstanden von den Toten« –, um ihnen eine Wohnung zu bereiten, »damit auch ihr dort seid, wo ich bin« (Joh 14,3).

Es gab Zeiten, in denen die Verkündiger zu sehr Gerichtsdrohungen aussprachen, während unsere heutige Theologie viel mehr den verzeihenden Gott der Liebe bezeugt. Wie wenig habe ich dieser Liebe entsprochen!, mag sich ein alter Mann selbst vorhalten. Ich sage ihm: Dein guter Wille, den du doch immer wieder erneuert hast, gilt fürs Gelingen, ist immerhin ein Teil davon. Gott kennt die Schwäche der Menschen und respektiert den guten Willen. Mit deiner Sehnsucht nach Liebe und Frieden, Schönheit und Wahrheit warst du Gott vielleicht viel näher, als du gedacht hast. Denn er ist die Liebe, er ist der Friede, er ist die Schönheit und er ist die Wahrheit – er ist es, der allein jegliches Verlangen stillen kann. Er vollendet das Stückwerk, er sprengt alle Begrenztheiten, er schenkt der Liebe Dauer. Gott lässt sich an Großmut nie übertreffen.

Menschliches Leben ist angelegt über die irdische Endlichkeit hinaus auf eine absolute Zukunft in Gott. Die Phase des Alters gleicht dabei dem Advent. In dieser Zeit kommt es weniger darauf an, etwas von Gott, als vielmehr Gott selbst zu erwarten. Gott ist der Garant der Hoffnung. Wer es darum nicht schon in früheren Jahren getan hat, der übe sich im Alter in die hoffende Freude ein: Das wahre Leben liegt erst vor uns. Wir haben eine Zukunft ohne Ende. Wir brauchen dabei nicht durchs Schlüsselloch ins verheißene Himmelreich zu gucken und neugierig wissen wollen, wie dort alles sein wird. Lassen wir uns von Gott überraschen!

Die christliche Osterbotschaft sieht am Ende des Lebens seine Wende. Der Gekreuzigte und Begrabene kehrt nicht wieder ins irdische Leben zurück, nicht in diese Welt; »der Tod hat keine Macht mehr über ihn« (Röm 6,9). Zu neuem, unverlierbarem Leben ist er auferweckt von Gott, seinem Vater. Kein Mensch vermag solches zu denken, zu planen oder gar zu machen. Ostern durchstößt die Schallmauer der Zeit und bricht in die Ewigkeit ein. Ostern kündet vom »neuen Menschen« (Eph 4,24), vom »neuen Leben« (Röm 6,4), vom »neuen Lied« (Offb 5,9). Der Mensch gleicht nicht mehr Sisyphus, dazu verurteilt, in immer neuen vergeblichen Anläufen seinen Stein zum Gipfel eines Berges zu rollen. So wie das Kreuz das Ende der alten Welt bedeutet, so ist der Auferstandene der Anfang der neuen. Die Tür zum Leben steht offen, endgültig offen. Mag sie auch einer für geschlossen halten, sie ist dennoch nur angelehnt. Therese von Lisieux hat Recht: »Ich sterbe nicht, ich trete ein ins Leben.«

Gebet eines alten Menschen

Gott,
da du es bist,
der die Dinge so geordnet hat,
so ergebe ich mich darein
und will, was du willst.
Hebe mir das Glück,
das du mir genommen hast,
für die Ewigkeit auf.
Ich danke dir für die schöne
    Vergangenheit,
die du mir schenktest;
die Gegenwart opfere ich dir auf,
und die Zukunft vertraue ich
    deiner Liebe an.

Georg Moser

1923 in Leutkirch/Allgäu geboren;
Studium in Tübingen,
1948 Priesterweihe.
Studentenpfarrer,
Direktor der Katholischen Akademie
Stuttgart-Hohenheim,
Dr. theol., Weihbischof.
1975 bis zu seinem Tod 1988 Bischof von
Rottenburg-Stuttgart.